NOUVELLES LECTURES

SYLLABIQUES ET MÉTHODIQUES

OU

SUITE A TOUS LES ALPHABETS

PAR F.-M. BERGER

MAITRE DE PENSION

« La division des mots en syllabes est
« pour les enfants une des difficultés
« les plus sérieuses. »

P. LAROUSSE, *Méthode de Lecture.*

Aidons les enfants à vaincre les premières
difficultés de la lecture, et ménageons
les instants du maître.

CHATEAUDUN
POUILLIER-VAUDECRAINE, LIBRAIRE

CHARTRES
PETROT-GARNIER, LIBRAIRE
PLACE DES HALLES

ORLÉANS
G. VAUDECRAINE, LIBRAIRE
PLACE DU MARTROI

NOUVELLES LECTURES

SYLLABIQUES ET MÉTHODIQUES

OU

SUITE A TOUS LES ALPHABETS

PAR F.-M. BERGER

MAITRE DE PENSION

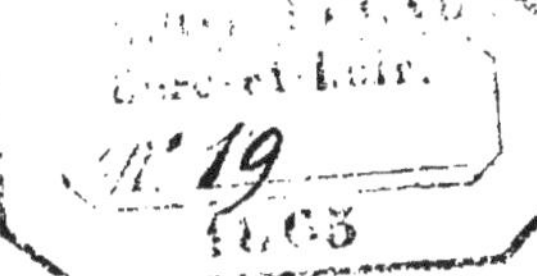

« La division des mots en syllabes est,
« pour les enfants, une des difficultés
« les plus sérieuses. »

P. Larousse, *Méthode de Lecture.*

Aidons les enfants à vaincre les premières difficultés de la lecture, et ménageons les instants du Maître.

CHATEAUDUN

IMPRIMERIE DE AUG. LECESNE

1865

Tous les exemplaires sont revêtus de la signature de l'Auteur.

a b c d e f g h
i j k l m n o p q
r s t u v x y z

A B C D E F G H I J K L M
N O P Q R S T U V X Y Z

---

1 2 3 4 5 6 7 8 9 0

10 20 30 40 50 60 70 80 90 100

bon-té do-ci-li-té du-re-té (*)
té-mé-ri-té va-ni-té

la bon-té de Dieu
la do-ci-li-té du pé-ni-tent
la du-re-té de la pier-re
la té-mé-ri-té du cou-ra-ge
la va-ni-té du mon-de

---

vé-ri-té fer-me-té lo-ca-li-té
ra-re-té ma-tu-ri-té

la vé-ri-té de la foi
la fer-me-té du ca-rac-tè-re
la lo-ca-li-té pros-pè-re
la ra-re-té de la vertu
la ma-tu-ri-té du fruit

bon té do ci li té du re té
té mé ri té va ni té

la bon té de Dieu
la do ci li té du pé ni tent
la du re té de la pier re
la té mé ri té du cou ra ge
la va ni té du mon de

---

vé ri té fer me té lo ca li té
ra re té ma tu ri té

la vé ri té de la foi
la fer me té du ca rac tè re
la lo ca li té pros pè re
la ra re té de la ver tu
la ma tu ri té du fruit

(1) PROCÉDÉ GÉNÉRAL. Faire épeler, une ou plusieurs fois, chaque mot, chaque phrase, avant la lecture syllabique sans épellation qu'il faut chercher à obtenir le plus tôt possible.

por-tée dic-tée cou-vée
val-lée ma-rée

la por-tée du ca-non
la dic-tée dif-fi-cile
la cou-vée pré-co-ce
la val-lée fer-ti-le
la ma-rée per-fi-de

---

fu-mée jour-née mu-sée
ro-sée dra-gée

la fu-mée de la che-mi-née
la jour-née ter-mi-née
le mu-sée im-pé-rial
la ro-sée du ma-tin
la dra-gée su-crée

por tée dic tée cou vée
val lée ma rée

la por tée du ca non
la dic tée dif fi ci le
la cou vée pré co ce
la val lée fer ti le
la ma rée per fi de

---

fu mée jour née mu sée
ro sée dra gée

la fu mée de la che mi née
la jour née ter mi née
le mu sée im pé rial
la ro sée du ma tin
la dra gée su crée

ba-teau ber-ceau pla-teau
tau-reau trou-peau

le ba-teau du pê-cheur
le ber-ceau lé-ger
le pla-teau de la ba-lan-ce
le tau-reau sau-va-ge
le trou-peau du fer-mier

---

ca-veau flé-au far-deau
ro-seau mar-teau

le ca-veau pro-fond
le flé-au des-truc-teur
le far-deau du bû-che-ron
le ro-seau du ri-va-ge
le mar-teau du for-ge-ron

ba teau ber ceau pla teau
tau reau trou peau

le ba teau du pê cheur
le ber ceau lé ger
le pla teau de la ba lan ce
le tau reau sau va ge
le trou peau du fer mier

---

ca veau flé au far deau
ro seau mar teau

le ca veau pro fond
le flé au des truc teur
le far deau du bû che ron
le ro seau du ri va ge
le mar teau du for ge ron

prin-ci-pal fa-tal bru-tal	prin ci pal fa tal bru tal
cris-tal mal	cris tal mal
le prin-ci-pal mo-tif	le prin ci pal mo tif
un fa-tal ac-ci-dent	un fa tal ac ci dent
un ca-rac-tè-re bru-tal	un ca rac tè re bru tal
un va-se de cris-tal	un va se de cris tal
un mal dan-ge-reux	un mal dan ge reux

---

jour-nal gé-né-ral pas-to-ral	jour nal gé né ral pas to ral
pas-cal bo-cal	pas cal bo cal
la lec-tu-re du jour-nal	la lec tu re du jour nal
le gé-né-ral il-lus-tre	le gé né ral il lus tre
un chant pas-to-ral	un chant pas to ral
le cier-ge pas-cal	le cier ge pas cal
la pru-ne du bo-cal	la pru ne du bo cal

bal-la-de ba-var-de bra-va-de
pa-na-de pom-ma-de

la bal-la-de an-ti-que
la pie ba-var-de
la bra-va-de or-gueil-leu-se
la pa-na-de di-ges-ti-ve
la pom-ma-de blan-che

---

pro-me-na-de sa-la-de
sé-ré-na-de cas-ca-de
co-car-de

la pro-me-na-de sa-lu-tai-re
la sa-la-de à la crê-me
la sé-ré-na-de tar-di-ve
la cas-ca-de du ruis-seau
la co-car-de du cha-peau

bal la de ba var de bra va de
pa na de pom ma de

la bal la de an ti que
la pie ba var de
la bra va de or gueil leu se
la pa na de di ges ti ve
la pom ma de blan che

---

pro me na de sa la de
sé ré na de cas ca de
co car de

la pro me nade sa lu tai re
la sa la de à la crê me
la sé ré na de tar di ve
la cas ca de du ruis seau
la co car de du cha peau

tar-dif cap-tif crain-tif
plain-tif mas-sif

le re-pen-tir tar-dif
le lion cap-tif
le liè-vre crain-tif
le cri plain-tif
un mas-sif de ver-du-re

tar dif cap tif crain tif
plain tif mas sif

le re pen tir tar dif
le lion cap tif
le liè vre crain tif
le cri plain tif
un mas sif de ver du re

---

ins-truc-tif ac-tif ca-nif
pen-sif oi-sif

le li-vre ins-truc-tif
un ou-vrier ac-tif
un cou-teau et un ca-nif
un ma-la-de pen-sif
le pau-vre oi-sif

ins truc tif ac tif ca nif
pen sif oi sif

le livre ins truc tif
un ou vri er ac tif
un cou teau et un ca nif
un ma la de pen sif
le pau vre oi sif

va-peur con-teur len-teur
pas-teur lec-teur

la va-peur lé-gè-re
le con-teur a-mu-sant
la len-teur de la tor-tue
le pas-teur et la bre-bis
le lec-teur at-ten-tif

---

fa-veur dou-leur cha-leur
do-reur ra-meur

la fa-veur du prin-ce
la dou-leur du bles-sé
la cha-leur du so-leil
le do-reur sur bois
le ra-meur a-gi-le

va peur con teur len teur
pas teur lec teur

la va peur lé gè re
le con teur a mu sant
la len teur de la tor tue
le pas teur et la bre bis
le lec teur at ten tif

---

fa veur dou leur cha leur
do reur ra meur

la fa veur du prin ce
la dou leur du bles sé
la cha leur du so leil
le do reur sur bois
le ra meur a gi le

bé-tail por-tail poi-trail
dé-tail van-tail

le bé-tail au pâ-tu-ra-ge
le por-taïl de la fer-me
le poi-trail du che-val
le dé-tail pé-ni-ble
le van-tail de la por-te

---

bé tail por tail poi trail
dé tail van tail

le bé tail au pâ tu ra ge
le por taïl de la fer me
le poi trail du che val
le dé tail pé ni ble
le van tail de la por te

---

vi-trail sou-pi-rail co-rail
tra-vail bercail

le vi-trail de la cha-pel-le
le sou-pi-rail de la ca-ve
le co-rail de la mer
le tra-vail né-ces-sai-re
le ber-cail pro-tec-teur

vi trail sou pi rail co rail
tra vail ber cail

le vi trail de la cha pel le
le sou pi rail de la ca ve
le co rail de la mer
le tra vail né ces sai re
le ber cail pro tec teur

ba-tail-le ba-tail-lon tail-le
en-tail-le pail-le

la ba-tail-le dé-ci-si-ve
le ba-tail-lon sa-cré
la tail-le de la pier-re
une en-tail-le pro-fon-de
la pail-le et le bon grain

ba tail le ba tail lon tail le
en tail le pail le

la ba tail le dé ci si ve
le ba tail lon sa cré
la tail le de la pier re
une en tail le pro fon de
la pail le et le bon grain

---

vo-lail-le fer-rail-le mu-rail-le
mail-le te-nail-le

la vo-lail-le dé-li-ca-te
la fer-rail-le du ma-ré-chal
la mu-rail-le é-le-vée
la mail-le du fi-let
la te-nail-le du ser-ru-rier

vo lail le fer rail le mu rail le
mail le te nail le

la vo lail le dé li ca te
la fer rail le du ma ré chal
la mu rail le é le vée
la mail le du fi let
la te nail le du ser ru rier

so-leil pa-reil ap-pa-reil
som-meil con-seil

le so-leil du jour
un bi-jou pa-reil
un ap-pa-reil in-gé-nieux
le som-meil du jus-te
le con-seil du sa-ge

---

cor-beil-le a-beil-le
bou-teil-le cor-neil-le treil-le

la cor-beil-le du par-ter-re
une a-beil-le é-ga-rée
une bou-teil-le plei-ne
le cor-beau et la cor-neil-le
le rai-sin de la treil-le

so leil pa reil ap pa reil
som meil con seil

le so leil du jour
un bi jou pa reil
un ap pa reil in gé nieux
le som meil du jus te
le con seil du sa ge

---

cor beil le a beil le
bou teil le cor neil le treil le

la cor beil le du par ter re
une a beil le é ga rée
une bou teil le plei ne
le cor beau et la cor neil le
le rai sin de la treil le

deuil fau-teuil cer-feuil
bou-vreuil che-vreuil

le deuil de la veu-ve
le fau-teuil du ma-la-de
le cer-feuil o-do-rant
le bou-vreuil et le se-rin
le che-vreuil de la fo-rêt

é-cu-reuil re-cueil cer-cueil
ac-cueil or-gueil

un jo-li pe-tit é-cu-reuil
un re-cueil ins-truc-tif
le cer-cueil de la mort
un ac-cueil grâ-cieux
un or-gueil cou-pa-ble

deuil fau teuil cer feuil
bou vreuil che vreuil

le deuil de la veu ve
le fau teuil du ma la de
le cer feuil o do rant
le bou vreuil et le serin.
le che vreuil de la forêt

é cu reuil re cueil cer cueil
ac cueil or gueil

un jo li pe tit é cu reuil
un re cueil ins truc tif
le cer cueil de la mort
un ac cueil grâ cieux
un or gueil coupable

bouil-lon bar-bil-lon	bouil lon bar bil lon
cor-bil-lon pa-pil-lon pos-til-lon	cor billon pa pillon pos tillon
le bouil-lon de la sou-pe	le bouil lon de la sou pe
le bar-bil-lon et le bro-chet	le bar bil lon et le bro chet
le cor-bil-lon du pain bé-nit	le cor bil lon du pain bé nit
le pa-pil-lon et la fleur	le pa pil lon et la fleur
le pos-til-lon di-li-gent	le pos til lon di li gent

---

brouil-lon ca-ril-lon oi-sil-lon	brouil lon ca ril lon oi sil lon
sil-lon ai-guil-lon	sil lon ai guil lon
un brouil-lon dé-sa-gré-a-ble	un brouil lon dé sa gré a ble
le ca-ril-lon de la joie	le ca ril lon de la joie.
pe-tit oi-sil-lon vo-la-ge	pe tit oi sil lon vo la ge
le sil-lon du la-bou-reur	le sil lon du la bou reur
la mou-che et son ai-guil-lon	la mou che et son ai guil lon

bil-le pu-pil-le man-til-le
pas-til-le flot-til-le

la bil-le du jeu
la pu-pil-le du tu-teur
la man-til-le lé-gè-re
la pas-til-le fraî-che
la flot-til-le de guer-re

---

fil-le va-nil-le fa-mil-le
char-mil-le che-nil-le

la jeu-ne fil-le sa-ge
la va-nil-le a-ro-ma-ti-que
la fa-mil-le nom-breu-se
la char-mil-le du jar-din
la che-nil-le du pa-pil-lon

bil le pu pil le man til le
pas til le flot til le

la bil le du jeu
la pu pil le du tu teur
la man til le lé gère
la pas til le fraî che
la flot til le de guer re

---

fil le va nil le fa mil le
char mil le che nil le

la jeu ne fil le sa ge
la va nil le a ro ma ti que
la fa mil le nom breu se
la char mil le du jar din
la che nil le du pa pil lon

ba-bil ou-til ba-ril che-nil
fe-nil

le ba-bil du ba-vard
un ou-til pré-cieux
le ba-ril de la can-ti-niè-re
le che-nil du chien
le fe-nil du foin

---

four-nil per-sil fu-sil cil
sour-cil

le four-nil du bou-lan-ger
le per-sil et le cer-feuil
le fu-sil du chas-seur
le cil de la pau-piè-re
le sour-cil pro-tec-teur

ba bil ou til ba ril che nil
fe nil

le ba bil du ba vard
un ou til pré cieux
le ba ril de la can ti niè re
le che nil du chien
le fe nil du foin

---

four nil per sil fu sil cil
sour cil

le four nil du bou lan ger
le per sil et le cer feuil
le fu sil du chas seur
le cil de la pau piè re
le sour cil pro tec teur

bi-jou-tier pa-pe-tier
co-co-tier mé-tier ba-te-lier

la mon-tre du bi-jou-tier
le pa-pe-tier et le li-brai-re
le co-co-tier et sa noix
le mé-tier de jar-di-nier
le ba-te-lier et le pas-sa-ger

---

ton-ne-lier lau-rier pom-mier
ro-sier lan-cier

le ton-ne-lier a-droit
le lau-rier et le cui-si-nier
le pom-mier et le pru-nier
le ro-sier é-pi-neux
le lan-cier po-lo-nais

bi jou tier pa pe tier
co co tier mé tier ba te lier

la mon tre du bi jou tier
le pa pe tier et le li brai re
le co co tier et sa noix
le mé tier de jar di nier
le ba te lier et le pas sa ger

---

ton ne lier lau rier pom mier
ro sier lan cier

le ton ne lier a droit
le lau rier et le cui si nier
le pom mier et le pru nier
le ro sier é pi neux
le lan cier po lo nais

mi-ra-bel-le re-bel-le
cha-pel-le chan-del-le
ci-ta-del-le

la mi-ra-bel-le su-crée
le sau-va-ge re-bel-le
la cha-pel-le nou-vel-le
la chan-del-le et la bou-gie
la ci-ta-del-le du fort

---

den-tel-le ma-mel-le fla-nel-le
fi-cel-le de-moi-sel-le

la den-tel-le de la pa-ru-re
la ma-mel-le de la chè-vre
la fla-nel-le de san-té
la fi-cel-le et la cor-de
la de-moi-sel-le ti-mi-de

mi ra bel le re bel le
cha pel le chan del le
ci ta del le

la mi ra bel le su crée
le sau va ge re bel le
la cha pel le nou vel le
la chan del le et la bou gie
la ci ta del le du fort

---

den tel le ma mel le fla nel le
fi cel le de moi sel le

la den tel le de la pa ru re
la ma mel le de la chè vre
la fla nel le de san té
la fi cel le et la cor de
la de moi sel le ti mi de

bi-son bla-son pri-son
poi-son toi-son

le bi-son de la fo-rêt
le blâ-son de la no-bles-se
la pri-son du vo-leur
le poi-son vio-lent
la toi-son du mou-ton

---

mai-son rai-son o-rai-son
sai-son gué-ri-son

la mai-son du bû-che-ron
la rai-son du vieil-lard
une o-rai-son pieu-se
la sai-son du froid
la gué-ri-son cer-tai-ne

bi son bla son pri son
poi son toi son

le bi son de la fo rêt
le bla son de la no bles se
la pri son du vo leur
le poi son vio lent
la toi son du mou ton

---

mai son rai son o rai son
sai son gué ri son

la mai son du bû che ron
la rai son du vieil lard
une o rai son pieu se
la sai son du froid
la gué ri son cer tai ne

po si tion por tion
pré cau tion dé cla ra tion
di rec tion

une po si tion lu cra ti ve
la por tion dis po ni ble
la pré cau tion u ti le
la dé cla ra tion de guer re
la di rec tion du vent

---

dé co ra tion dé po si tion
na tion re la tion na ta tion

la dé co ra tion mé ri tée
la dé po si tion fa vo ra ble
la na tion fran çai se (*)
la re la tion vé ri ta ble
la na ta tion dan ge reu se

po si tion por tion
pré cau tion dé cla ra tion
di rec tion

u ne po si tion lu cra ti ve
la por tion dis po ni ble
la pré cau tion u ti le
la dé cla ra tion de guer re
la di rec tion du vent

---

dé co ra tion dé po si tion
na tion re la tion na ta tion

la dé co ra tion mé ri tée
la dé po si tion fa vo ra ble
la na tion fran çai se
la re la tion vé ri ta ble
la na ta tion dan ge reu se

(*) Le petit signe placé sous le *c* de *française* indique que cette lettre se prononce comme une *s* dure : *fran-sai-ze.*

mis sion dé mis sion
ré mis sion per mis sion
pro ces sion

la mis sion bien rem plie
la dé mis sion don née
la ré mis sion du pé ché
la per mis sion ac cor dée
la pro ces sion so len nel le

---

con ces sion ces sion
con fes sion dis cus sion
suc ces sion

la con ces sion ob te nue
la ces sion de son droit
la con fes sion de sa fau te
la dis cus sion a ni mée
la suc ces sion dé si rée

mis sion dé mis sion
ré mis sion per mis sion
pro ces sion

la mis sion bien rem plie
la dé mis sion don née
la ré mis sion du pé ché
la per mis sion ac cor dée
la pro ces sion so len nel le

---

con ces sion ces sion
con fes sion dis cus sion
suc ces sion

la con ces sion ob te nue
la ces sion de son droit
la con fes sion de sa fau te
la dis cus sion a ni mée
la suc ces sion dé si rée

be sa ce fa ce pré fa ce
sur fa ce pla ce

la be sa ce du pau vre
la fa ce du saint
la pré fa ce du li vre
la sur fa ce du ter rain
la pla ce prin ci pa le

---

me na ce ra ce tra ce
vo ra ce grâ ce

la me na ce cou pa ble
la ra ce bé nie de Dieu
la tra ce sui vie
le loup vo ra ce
la grâ ce né ces sai re

be sa ce fa ce pré fa ce
sur fa ce pla ce

la be sa ce du pau vre
la fa ce du saint
la pré fa ce du li vre
la sur fa ce du ter rain
la pla ce prin ci pa le

---

me na ce ra ce tra ce
vo ra ce grâ ce

la me na ce cou pa ble
la ra ce bé nie de Dieu
la tra ce sui vie
le loup vo ra ce
la grâ ce né ces sai re

pru den ce pro vi den ce
dé men ce di li gen ce
ins tan ce

la pru den ce du ser pent
la pro vi den ce cé les te
la dé men ce et la fo lie
la di li gen ce du mes sa ger
une ins tan ce re nou ve lée

---

con fian ce dé fian ce
cons tan ce chan ce
o bé is san ce

la con fian ce du ma te lot
la dé fian ce du re nard
la cons tan ce de son a mi tié
la chan ce du sort
une o bé is san ce vo lon tai re

pru den ce pro vi den ce
dé men ce di li gen ce
ins tan ce

la pru den ce du ser pent
la pro vi den ce cé les te
la dé men ce et la fo lie
la di li gen ce du mes sa ger
une ins tan ce re nou ve lée

---

con fian ce dé fian ce
cons tan ce chan ce
o bé is san ce

la con fian ce du ma te lot
la dé fian ce du re nard
la cons tan ce de son a mi tié
la chan ce du sort
une o bé is san ce vo lon tai re

le çon ran çon ma çon
li ma çon fa çon

la le çon de lec tu re
la ran çon du cap tif
le ma çon du vil la ge
le li ma çon de la vi gne
la fa çon nou vel le

---

soup çon fa ça de for çat
re çu ger çu re

le soup çon in ju rieux
la fa ça de du pa lais
la chaî ne du for çat
le re çu du mar chand
la ger çu re du ta bleau

le çon ran çon ma çon
li ma çon fa çon

la le çon de lec tu re
la ran çon du cap tif
le ma çon du vil la ge
le li ma çon de la vi gne
la fa çon nou vel le

---

soup çon fa ça de for çat
re çu ger çu re

le soup çon in ju rieux
la fa ça de du pa lais
la chaî ne du for çat
le re çu du mar chand
la ger çu re du ta bleau

sar di ne sour di ne
tar ti ne ra vi ne pra li ne

la sar di ne fraî che
la sour di ne sur pre nan te
la tar ti ne de con fi tu re
la ra vi ne dan ge reu se
la pra li ne et la dra gée

---

ja ve li ne ma ri ne fa ri ne
cou si ne ma chi ne

la ja ve li ne meur tri è re
la ma ri ne mi li tai re
la fa ri ne du fro ment
la cou si ne gé né reu se
la ma chi ne à va peur

sar di ne sour di ne tar ti ne
ra vi ne pra li ne

la sar di ne fraî che
la sour di ne sur pre nan te
la tar ti ne de con fi tu re
la ra vi ne dan ge reu se
la pra li ne et la dra gée

---

ja ve li ne ma ri ne fa ri ne
cou si ne ma chi ne

la ja ve li ne meur tri è re
la ma ri ne mi li tai re
la fa ri ne du fro ment
la cou si ne gé né reu se
la ma chi ne à va peur

bain pain pin la pin
bou din

le bain de mer
le pain et le vin
le pin et le sa pin
le la pin et le liè vre
le bou din et la sau cis se

---

bu tin ma tin de vin
ter rain rai sin

le bu tin de la guer re
le ma tin et le soir
le de vin du men son ge
le ter rain du com bat
le rai sin de la vi gne

bain pain pin la pin
bou din

le bain de mer
le pain et le vin
le pin et le sa pin
le la pin et le liè vre
le bou din et la sau cis se

---

bu tin ma tin de vin
ter rain rai sin

le bu tin de la guer re
le ma tin et le soir
le de vin du men son ge
le ter rain du com bat
le rai sin de la vi gne

pa ge po ta ge par ta ge
veu va ge la va ge

la pa ge bien é cri te
le po ta ge et le bœuf
le par ta ge é gal
le veu va ge et la tris tes se
le la va ge du lin ge

---

ra ge ma ge nu a ge
pas sa ge mes sa ge

la ra ge de la co lè re
le ma ge et le ber ger
le nu a ge o ra geux
le pas sa ge dif fi ci le
le mes sa ge pres sé

pa ge po ta ge par ta ge
veu va ge la va ge

la pa ge bien é cri te
le po ta ge et le bœuf
le par ta ge é gal
le veu va ge et la tris tes se
le la va ge du lin ge

---

ra ge ma ge nu a ge
pas sa ge mes sa ge

la ra ge de la co lè re
le ma ge et le ber ger
le nu a ge o ra geux
le pas sa ge dif fi ci le
le mes sa ge pres sé

pê che por che tor che
ta che va che

la pê che mi ra cu leu se
le por che du châ teau
la tor che in cen diai re
la ta che de grais se
la va che et le veau

---

mar che che val chas se
chi ca ne chu te

la mar che du na vi re
le che val et la voi tu re
la chas se dé fen due
la chi ca ne du mé chant
la chu te du ton ner re

pê che por che tor che
ta che va che

la pê che mi ra cu leu se
le por che du châ teau
la tor che in cen diai re
la ta che de grais se
la va che et le veau

---

mar che che val chas se
chi ca ne chu te

la mar che du na vi re
le che val et la voi tu re
la chas se dé fen due
la chi ca ne du mé chant
la chu te du ton ner re

dra pe rie bro de rie
pa pe te rie lo te rie
tui le rie

la dra pe rie et la rouen ne rie
la bro de rie su per be
la pa pe te rie nou vel le
la lo te rie trom peu se
la tui le rie et la po te rie

---

prai rie li brai rie
trom pe rie rê ve rie
cau se rie

la prai rie fleu rie
la li brai rie cen tra le
la trom pe rie cou pa ble
la rê ve rie so li tai re
la cau se rie oi si ve

dra pe rie bro de rie
pa pe te rie lo te rie
tui le rie

la dra pe rie et la rouen ne rie
la bro de rie su per be
la pa pe te rie nou vel le
la lo te rie trom peu se
la tui le rie et la po te rie

---

prai rie li brai rie
trom pe rie rê ve rie
cau se rie

la prai rie fleu rie
la li brai rie cen tra le
la trom pe rie cou pa ble
la rê ve rie so li tai re
la cau se rie oi si ve

dais mau vais pa lais
re lais ma rais

le dais de la pro ces sion
le mau vais ca rac tè re
le pa lais du prin ce
le re lais de la pos te
le ma rais in fer ti le

---

fran çais la quais pro cès
suc cès mets

le fran çais spi ri tuel
le la quais im po li
le pro cès in jus te
le suc cès du tra vail
le mets du re pas

dais mau vais pa lais
re lais ma rais

le dais de la pro ces sion
le mau vais ca rac tè re
le pa lais du prin ce
le re lais de la pos te
le ma rais in fer ti le

---

fran çais la quais pro cès
suc cès mets

le fran çais spi ri tuel
le la quais im po li
le pro cès in jus te
le suc cès du tra vail
le mets du re pas

bre bis lam bris dé bris
ta pis pa ra dis

la bre bis et son a gneau
le lam bris do ré
le dé bris de la for tu ne
le ta pis du sa lon
le pa ra dis de Dieu

---

four mis ver nis sou ris
co lo ris cro quis

la four mis et la co lom be
le ver nis de po li tes se
la sou ris et le chat
le co lo ris bril lant
le cro quis du des sin

bre bis lam bris dé bris
ta pis pa ra dis

la bre bis et son a gneau
le lam bris do ré
le dé bris de la for tu ne
le ta pis du sa lon
le pa ra dis de Dieu

---

four mis ver nis sou ris
co lo ris cro quis

la four mis et la co lom be
le ver nis de po li tes se
la sou ris et le chat
le co lo ris bril lant
le cro quis du des sin

puits prix per drix
cru ci fix riz

le puits de la fa ble
le prix du temps
la per drix et le per dreau
le cru ci fix du chré tien
le riz et le fro ment

puits prix per drix
cru ci fix riz

le puits de la fa ble
le prix du temps
la per drix et le per dreau
le cru ci fix du chré tien
le riz et le fro ment

---

nez gaz ga ze to pa ze
po se do se

le nez du chien
le gaz lé ger
la ga ze du voi le
la to pa ze et le dia mant
la po se de la sta tue
la do se du re mè de

nez gaz ga ze to pa ze
po se do se

le nez du chien
le gaz lé ger
la ga ze du voi le
la to pa ze et le dia mant
la po se de la sta tue
la do se du re mè de

Dieu pieux feu
lieu mi lieu

Dieu de mi sé ri cor de
un en fant pieux
le feu du ciel
le lieu sa cré
le mi lieu du cer cle

---

es sieu a veu ne veu
nœud jeu

un es sieu de voi tu re
un a veu coû teux
son ne veu et sa niè ce
le nœud gor dien
le jeu dan ge reux

Dieu pieux feu
lieu mi lieu

Dieu de mi sé ri cor de
un en fant pieux
le feu du ciel
le lieu sa cré
le mi lieu du cer cle

---

es sieu a veu ne veu
nœud jeu

un es sieu de voi tu re
un a veu coû teux
son ne veu et sa niè ce
le nœud gor dien
le jeu dan ge reux

pa res seux peu reux	pa res seux peu reux
vo lu mi neux ma ti neux	vo lu mi neux ma ti neux
va leu reux	va leu reux
un en fant pa res seux	un en fant pa res seux
le liè vre peu reux	le liè vre peu reux
le pa quet vo lu mi neux	le pa quet vo lu mi neux
un ou vrier ma ti neux	un ou vrier ma ti neux
un sol dat va leu reux	un sol dat va leu reux
vi cieux va ni teux ra bo teux	vi cieux va ni teux ra bo teux
fâ cheux cou ra geux	fâ cheux cou ra geux
un pen chant vi cieux	un pen chant vi cieux
un ca rac tè re va ni teux	un ca rac tè re va ni teux
un che min ra bo teux	un che min ra bo teux
un ac ci dent fâ cheux	un ac ci dent fâ cheux
un é co lier cou ra geux	un é co lier cou ra geux

bor du re droi tu re toi tu re
lec tu re brû lu re

la bor du re du sen tier
la droi tu re du ma gis trat
la toi tu re de la mai son
la lec tu re ins truc ti ve
la brû lu re cui san te

---

dou blu re pa ru re le vu re
me su re bles su re

la dou blu re du vê te ment
la pa ru re é lé gan te
la le vu re de la biè re
la me su re du pied
la bles su re dan ge reu se

bor du re droi tu re toi tu re
lec tu re brû lu re

la bor du re du sen tier
la droi tu re du ma gis trat
la toi tu re de le mai son
la lec tu re ins truc ti ve
la brû lu re cui san te

---

dou blu re pa ru re le vu re
me su re bles su re

la dou blu re du vê te ment
la pa ru re é lé gan te
la le vu re de la bière
la me su re du pied
la bles su re dan ge reu se

bord port tort
fort mort

le bord du ruis seau
le port du sa lut
le tort ir ré pa ra ble
le fort et le fai ble
la mort et le bû che ron

---

nord tré sor sort
cor ac cord

le nord et le sud
le tré sor du sa ge
un sort heu reux
le cor du chas seur
un ac cord par fait

bord port tort
fort mort

le bord du ruis seau
le port du sa lut
le tort ir ré pa ra ble
le fort et le fai ble
la mort et le bû che ron

---

nord tré sor sort
cor ac cord

le nord et le sud
le tré sor du sa ge
un sort heu reux
le cor du chas seur
un ac cord par fait

es poir dé ses poir
dor toir de voir par loir

un es poir trom peur
le dé ses poir du con dam né
le dor toir de la pen sion
le de voir du maî tre
le par loir in dis cret

---

mi roir se moir ma noir
pres soir mou choir

le mi roir de la toi let te
le se moir du fer mier
le ma noir pai si ble
le pres soir du vi gne ron
le mou choir de po che

es poir dé ses poir dor toir
de voir par loir

un es poir trom peur
le dé ses poir du con dam né
le dor toir de la pen sion
le de voir du maî tre
le par loir in dis cret

---

mi roir se moir ma noir
pres soir mou choir

le mi roir de la toi let te
le se moir du fer mier
le ma noir pai si ble
le pres soir du vi gne ron
le mou choir de po che

dent ins tant en fant vent ta lent

la dent du loup
un ins tant fa tal
un en fant ai ma ble
le vent du nord
le ta lent pré cieux

---

plan ser ment com pli ment pré sent ar ti san

le plan du bâ ti ment
le ser ment de fi dé li té
le com pli ment mé ri té
un pré sent du ciel
un ar ti san é co no me

dent ins tant en fant vent ta lent.

la dent du loup
un ins tant fa tal
un en fant ai ma ble
le vent du nord
le ta lent pré cieux

---

plan ser ment com pli ment pré sent ar ti san

le plan du bâ ti ment
le ser ment de fi dé li té
le com pli ment mé ri té
un pré sent du ciel
un ar ti san é co no me

a bon dan te ar den te
tan te ven te con fian te

une a bon dan te ré col te
la pri è re ar den te
ma tan te gé né reu se
la ven te pro duc ti ve
la jeu nes se con fian te

---

vo lan te cou ran te
gou ver nan te
pe san te glis san te

une feuil le vo lan te
une eau cou ran te
la gou ver nan te fi dè le
la dé mar che pe san te
la pen te glis san te

a bon dan te ar den te
tan te ven te con fian te

une a bon dan te ré col te
la pri è re ar den te
ma tan te gé né reu se
la ven te pro duc ti ve
la jeu nes se con fian te

---

vo lan te cou ran te
gou ver nan te pe san te
glis san te

une feuil le vo lan te
une eau cou ran te
la gou ver nan te fi dè le
la dé mar che pe san te
la pen te glis san te

bon bond din don
bou ton pont

le bon sou ve nir
le bond du lion
le din don rô ti
le bou ton de ro se
le pont de la ri viè re

---

bon bond din don bou ton
pont

le bon sou ve nir
le bond du lion
le din don rô ti
le bou ton de ro se
le pont de la ri viè re

---

mou ton men ton ta lon
pla fond me lon

le mou ton et le ber ger
le men ton bar bu
le ta lon du pied
le pla fond du sa lon
le me lon su cré

mou ton men ton ta lon
pla fond melon

le mou ton et le ber ger
le men ton bar bu
le ta lon du pied
le pla fond du sa lon
le me lon su cré

bois pois poids poix
voix

le bois du cerf
le pois et la lentil le
le poids du plomb
la poix et le gou dron
la voix de la rai son

---

mois cha mois noix
croix vil la geois *

le mois de mai
le cha mois et le chas seur
la noix du sin ge
la croix de Jé sus
le vil la geois la bo rieux

bois pois poids poix
voix

le bois du cerf
le pois et la len til le
le poids du plomb
la poix et le gou dron
la voix de la rai son

---

mois cha mois noix croix
vil la geois

le mois de mai
le cha mois et le chas seur
la noix du sin ge
la croix de Jé sus
le vil la geois la bo rieux

(*) La lettre *e* après le *g* dans *villageois* indique qu'il faut prononcer *villajois*.

cours par cours dis cours
ve lours se cours

le cours du fleu ve
le par cours du trou peau
le dis cours du dé pu té
le ve lours du man teau
le se cours du mé de cin

---

con cours re cours
dé tour tour four

le con cours a gri co le
le re cours en grâ ce
le dé tour du che min
la tour fé o da le
le four du bou lan ger

cours par cours dis cours
ve lours secours

le cours du fleu ve
le par cours du trou peau
le dis cours du dé pu té
le ve lours du man teau
le se cours du mé de cin

---

con cours re cours
dé tour tour four

le con cours a gri co le
le re cours en grâ ce
le dé tour du che min
la tour fé o da le
le four du bou lan ger

l'Â me l'a mi l'a beil le
l'a veu l'an guil le

l'Â me et le corps*
l'a mi de l'en fan ce
l'a beil le et le fre lon
l'a veu du cou pa ble
l'an guil le et le ser pent

---

l'au da ce l'é tin cel le
l'é chel le l'o ra ge
l'ou vra ge

l'au da ce du vo leur
l'é tin cel le bril lan te
l'é chel le mi ra cu leu se
l'o ra ge dé sas treux
l'ou vra ge du la bou reur

l'Â me l'a mi l'a beil le
l'a veu l'an guil le

l'Â me et le corps
l'a mi de l'en fan ce
l'a beil le et le fre lon
l'a veu du cou pa ble
l'an guil le et le ser pent

---

l'au da ce l' é tin cel le
l'é chel le l'o ra ge
l'ou vra ge

l'au da ce du vo leur
l'é tin cel le bril lan te
l'é chel le mi ra cu leu se
l'o ra ge dé sas treux
l'ou vra ge du la bou reur

(*) *L'* se prononce comme *l* seule.

l'a dieu l'ar ri vée l'au teur
l'a zur l'é pée

l'a dieu du jeu ne To bie
l'ar ri vée du vo ya geur
l'au teur de l'u ni vers
l'a zur du ciel
l'é pée du ché ru bin

---

l'en trée l'i ma ge
l'ir ri ta tion l'or ne ment
l'u nion

l'en trée du pa ra dis
l'i ma ge de mon pè re
l'ir ri ta tion de la co lè re
l'or ne ment du ta bleau
l'u nion et la for ce

l'a dieu l'ar ri vée l'au teur
l'a zur l'é pée

l'a dieu du jeu ne To bie
l'ar ri vée du vo ya geur
l'au teur de l'u ni vers
l'a zur du ciel
l'é pée du ché ru bin

---

l'en trée l'i ma ge
l'ir ri ta tion l'or ne ment
l'u nion

l'en trée du pa ra dis
l'i ma ge de mon pè re
l'ir ri ta tion de la co lè re
l'or ne ment du ta bleau
l'u nion et la for ce

l'ha bi tant l'ha bi tu de
l'hé ri ta ge l'hi ron del le
l'his toi re[*]
l'ha bi tant du vil la ge
l'ha bi tu de mau vai se
l'hé ri ta ge fa vo ra ble
l'hi ron del le a gi le
l'his toi re na tu rel le

---

l'ho pi tal l'hom me
l'hos tie l'hu mi di té
l'hu mi li té
l'ho pi tal de la cha ri té
l'hom me mo des te
l'hos tie sa crée
l'hu mi di té et la sé che res se
l'hu mi li té du sa vant

l'ha bi tant l'ha bi tu de
l'hé ri ta ge l'hi ron del le
l'his toi re
l'ha bi tant du vil la ge
l'ha bi tu de mau vai se
l'hé ri ta ge fa vo ra ble
l'hi ron del le a gi le
l'his toi re na tu rel le

---

l'ho pi tal l'hom me
l'hos tie l'hu mi di té
l'hu mi li té
l'ho pi tal de la cha ri té
l'hom me mo des te
l'hos tie sa crée
l'hu mi di té et la sé che res se
l'hu mi li té du sa vant

(*) La lettre *h* n'a aucun son.

le ha ri cot le ha reng
la har pe le hé ris son
le her sa ge

le ha ri cot rou ge
le ha reng sa lé
la har pe de Da vid
le hé ris son cui ras sé
le her sa ge et le la bour

---

le hi bou le ho chet
la hon te la hup pe
la hu re

le hi bou de la nuit
le ho chet de l'il lu sion
la hon te du cou pa ble
la hup pe du pan
la hu re du san glier

le ha ri cot le ha reng
la har pe le hé ris son
le her sage

le ha ri cot rou ge
le ha reng sa lé
la har pe de Da vid
le hé ris son cui ras sé
le her sa ge et le la bour

---

le hi bou le ho chet
la hon te la hup pe
la hu re

le hi bou de la nuit
le ho chet de l'il lu sion
la hon te du cou pa ble
la hup pe du pan
la hu re du san glier

la pha lan ge le pha re
le pha ri sien
le phar ma cien
le phé no mè ne*

la pha lan ge in vin ci ble
le pha re de la je tée
le pha ri sien men teur
le phar ma cien ha bi le
le phé no mè ne cu rieux

---

le pro phè te
le phi lo so phe
le pho que la phra se
la gé o gra phie

le pro phè te de Dieu
le phi lo so phe in cré du le
le pho que in tel li gent
la phra se em bar ras sée
la gé o gra phie et l'his toi re

la pha lange le pha re
le pha ri sien
le phar ma cien
le phé no mè ne

la pha lan ge in vin ci ble
le pha re de la je tée
le pha ri sien men teur
le phar ma cien ha bi le
le phé no mè ne cu rieux

---

le pro phè te
le phi lo so phe
le pho que la phra se
la gé o gra phie

le pro phè te de Dieu
le phi lo so phe in cré du le
le pho que in tel li gent
la phra se em bar ras sée
la gé o gra phie et l'his toi re

(*) *Ph* se prononce comme *f*.

l'a xe la ta xe

un ex em ple

u ne ex emp tion

u ne ex ac ti tu de

l'a xe du mon de

la ta xe du pain

un ex em ple é di fiant *

u ne ex emp tion fa ci le

u ne ex ac ti tu de ra re

---

ex cel lent ex cel len ce

ré fle xion fle xi ble

flu xion

un ex cel lent po ta ge

l'ex cel len ce d'u ne qua li té

la ré fle xion spi ri tuel le

le ra meau fle xi ble

la flu xion de poi tri ne

l'a xe la ta xe

un ex em ple

u ne ex emp tion

u ne ex ac ti tu de

l'a xe du mon de

la ta xe du pain

un ex em ple é di fiant

u ne ex emp tion fa ci le

u ne ex ac ti tu de ra re

---

ex cel lent ex cel len ce

ré fle xion fle xi ble

flu xion

un ex cel lent po ta ge

l'ex cel len ce d'u ne qua li té

la ré fle xion spi ri tuel le

le ra meau fle xi ble

la flu xion de poi tri ne

(*) La lettre *e* devant *x* se prononce *é*.

pa yeur tu yau no yau * mo yen ci to yen	pa yeur tu yau no yau mo yen ci to yen
le pa yeur mu ni ci pal le tu yau du poê le le no yau d'a bri cot le mo yen com mo de le ci to yen dé voué	le pa yeur mu ni ci pal le tu yau du poê le le no yau d'a bri cot le mo yen com mo de le ci to yen dé voué
la dy nas tie ty ran ** ly re cy près pa ra ly ti que	la dy nas tie ty ran ly re cy près pa ra ly ti que
la dy nas tie im pé ria le la du re té du ty ran la ly re an ti que le cy près du tom beau l'a veu gle et le pa ra ly ti que	la dy nas tie im pé ria le la du re té du ty ran la ly re an ti que le cy près du tom beau l'a veu gle et le pa ra ly ti que

(*) L'*y* compte pour deux *i* après une voyelle; prononcez : *pai ieur, tui iau,* etc.

(**) L'*y*, après une consonne, au commencement ou à la fin des mots, compte pour un *i*; prononcez : *di nas tie, ti ran, ieux*, etc.

NOMS ET ADJECTIFS AU PLURIEL.

le bon pè re *
les bon*s* pè re*s*
la bon té de sa mè re
les bon té*s* de leurs mè re*s*
le bon net de co ton
les bon net*s* de co ton

la ba tail le per due
les ba tail le*s* per due*s*
la ba lan ce jus te
les ba lan ce*s* jus te*s*
le bou ton do ré
les bou ton*s* do ré*s*
le pain du pau vre
les pain*s* de*s* pau vre*s*

le pa pier blanc
les pa pier*s* blanc*s*
le pa ra pluie vert
les pa ra pluie*s* vert*s*
la pe ti te mai son
les pe ti te*s* mai son*s*
la da me cha ri ta ble
les da me*s* cha ri ta ble*s*

la dou leur fré quen te
les dou leur*s* fré quen te*s*
une dent blan che
des dent*s* blan che*s*
le ta lent ra re
les ta lent*s* ra re*s*
la toi son du mou ton
les toi son*s* des mou ton*s*
la tui le rou ge
les tui le*s* rou ge*s*

(*) En général, pour former le pluriel des noms et des adjectifs, on ajoute, à la fin, une *s* qui ne change rien à la prononciation; ainsi on dit le père, les pères.

la le çon dif fi ci le
les le çons dif fi ci les
la la me du sa bre
les la mes des sa bres
le la pin ti mi de
les la pins ti mi des
le liè vre sau va ge
les liè vres sau va ges

---

la ro se du par ter re
les ro ses des par ter res
le ra vin pro fond
les ra vins pro fonds
la rai son cer tai ne
les rai sons cer tai nes
le rai sin dé li cat
les rai sins dé li cats
la ri viè re ge lée
les ri viè res ge lées

la ré pon se po lie
les ré pon ses po lies
la ma ti née fraî che
les ma ti nées fraî ches
le men son ge cri mi nel
les men son ges cri mi nels
la main ha bi le
les mains ha bi les

---

le me lon su cré
les me lons su crés
le na vi re et la mer
les na vi res et les mers
la na tion guer riè re
les na tions guer riè res
le no tai re in tel li gent
les no tai res in tel li gents
la na geoi re du pois son
les na geoi res des pois sons

le fer mier é co no me	le mé tal so no re *
les fer mier*s* é co no me*s*	les mé taux so no res
la fer miè re ac ti ve	le mal des truc teur
les fer miè re*s* ac ti ve*s*	les maux des truc teurs
la vente du meu ble	le ca po ral sé vè re
les ven te*s* des meu ble*s*	les ca po raux sé vè res
la sé vé ri té de la loi	le chant pas to ral
les sé vé ri té*s* des loi*s*	les chants pas to raux

---

la sur pri se a gré a ble	le pro jet mo ral
les sur pri se*s* a gré a ble*s*	les pro jets mo raux
la co quil le du li ma çon	l'a mi ral in tré pi de
les co quil le*s* des li ma çon*s*	les a mi raux in tré pi des
la joue ver meil le	le co de ru ral
les joue*s* ver meil le*s*	les co des ru raux
le gen dar me sé vè re	l'a ni mal mé chant
les gen dar me*s* sé vè re*s*	les a ni maux mé chants
le gland et la ci trouil le	le che val a ra be
les gland*s* et les ci trouil le*s*	les che vaux a ra bes

(*) Les noms et les adjectifs terminés en *al* et en *ail*, au singulier, forment leur pluriel en changeant *al* ou *ail* en *aux* : le *mal*, les *maux*; le *bail*, les *baux*.

la for ge du ma ré chal
les for ges des ma ré chaux
le bail de la fer me
les baux des fer mes
le sou pi rail de la ca ve
les sou pi raux des ca ves
le tra vail né ces sai re
les tra vaux né ces sai res

le no yau de la pru ne
les no yaux des pru nes
le vais seau a mi ral
les vais seaux a mi raux
le ha meau dé so lé
les ha meaux dé so lés
le ne veu im pa tient
les ne veux im pa tients

---

le po teau de la rou te *
les po teaux des rou tes
le ber ceau de l'en fant
les ber ceaux des en fants
le chê ne et le ro seau
les chê nes et les ro seaux
le ruis seau de la prai rie
les ruis seaux des prai ries
le moi neau fa mi lier
les moi neaux fa mi liers

le che veu noir
les che veux noirs
le cail lou du ruis seau
les cail loux des ruis seaux
le chou du jar din
les choux des jar dins
le jou jou de l'en fant
les jou joux des en fants
le ge nou fle xi ble
les ge noux fle xi bles

(*) Les noms terminés en *au* et en *eau* prennent seulement un *x* au pluriel. Exemple : le bateau, les bateau*x*; le noyau, les noyau*x*.

EXTRAITS DES CONJUGAISONS.

ÊTRE.		AVOIR.	
In di ca tif pré sent	**Pas sé in dé fi ni**	**In di ca tif pré sent**	**Pas sé in dé fi ni**
je suis	j'ai é té	j'ai	j'ai eu
tu es	tu as é té	tu as	tu as eu
il est	il a é té	il a	il a eu
el le est	el le a é té	el le a	el le a eu
on est	on a é té	on a	on a eu
nous som mes	nous a vons é té	nous a vons	nous a vons eu
vous ê tes	vous a vez é té	vous a vez	vous a vez eu
ils sont	ils ont é té	ils ont	ils ont eu
el les sont	el les ont é té	el les ont	el les ont eu
Im par fait	**Fu tur**	**Im par fait**	**Fu tur**
j'é tais	je se rai	j'a vais	j'au rai
tu é tais	tu se ras	tu a vais	tu au ras
il é tait	il se ra	il a vait	il au ra
el le é tait	el le se ra	el le a vait	el le au ra
on é tait	on se ra	on a vait	on au ra
nous é tions	nous se rons	nous a vions	nous au rons
vous é tiez	vous se rez	vous a viez	vous au rez
ils é taient	ils se ront	ils a vaient	ils au ront
el les é taient	el les se ront	el les a vaient	el les au ront

PORTER.		FINIR.	
In di ca tif pré sent	Pas sé in dé fi ni	In di ca tif pré sent	Pas sé in dé fi ni
je por te	j'ai por té	je fi nis	j'ai fi ni
tu por tes	tu as por té	tu fi · nis	tu as fi ni
il por te	il a por té	il fi nit	il a fi ni
el le por te	el le a por té	el le fi nit	el le a fi ni
on por te	on a por té	on fi nit	on a fi ni
nous por tons	n. a vons por té	nous fi nis sons	nous a vons fi ni
vous por tez	v. a vez por té	vous fi nis sez	vous a vez fi ni
ils por te*nt* *	ils ont por té	ils fi nis se*nt*	ils ont fi ni
el les por te*nt*	el les ont por té	el les fi nis se*nt*	el les ont fi ni
Im par fait	Fu tur	Im par fait	Fu tur
je por tais	je por te rai	je fi nis sais	je fi ni rai
tu por tais	tu por te ras	tu fi nis sais	tu fi ni ras
il por tait	il por te ra	il fi nis sait	il fi ne ra
el le por tait	el le por te ra	el le fi nis sait	el le fi ni ra
on por tait	on por te ra	on fi nis sait	on fi ni ra
nous por tions	n. por te rons	n. fi nis sions	nous fi ni rons
vous por tiez	v. por te rez	v. fi nis siez	vous fi ni rez
ils por taient	ils por te ront	ils fi nis saient	ils fi ni ront
el les por taient	elles porteront	elles finissaient	el les fi ni ront

(*) Dans les troisièmes personnes plurielles des verbes terminés en *ent*, les deux lettres *nt* ne se prononcent pas.

RECEVOIR.

In di ca tif pré sent	Pas sé in dé fi ni
je re çois	j'ai re çu
tu re çois	tu as re çu
il re çoit	il a re çu
el le re çoit	el le a re çu
on re çoit	on a re çu
nous re ce vons	n. a vons re çu
vous re ce vez	v. a vez re çu
ils re çoi ve*nt*	ils ont re çu
elles re çoi ve*nt*	el les ont re çu

Im par fait	Fu tur
je re ce vais	je re ce vrai
tu re ce vais	tu re ce vras
il re ce vait	il re ce vra
el le re ce vait	el le re ce vra
on re ce vait	on re ce vra
nous re ce vions	nous re ce vrons
vous re ce viez	vous re ce vrez
ils re ce vaient	ils re ce vront
elles re ce vaient	el les re ce vront

PRENDRE.

In di ca tif pré sent	Pas sé in dé fi ni
je prends	j'ai pris
tu prends	tu as pris
il prend	il a pris
el le prend	el le a pris
on prend	on a pris
nous pre nons	nous a vons pris
vous pre nez	vous a vez pris
ils pren ne*nt*	ils ont pris
el les pren ne*nt*	el les ont pris

Im par fait	Fu tur
je pre nais	je pren drai
tu pre nais	tu pren dras
il pre nait	il pren dra
el le pre nait	el le pren dra
on pre nait	on pren dra
nous pre nions	nous pren drons
vous pre niez	vous pren drez
ils pre naient	ils pren dront
el les pre naient	el les pren dront

EMPLOI DU VERBE ÊTRE.

je suis tou jours o bé is sant
tu est po li en vers ta mè re
il est con tent de son sort
el le est pro tec tri ce du pau vre
on est tou jours ai ma ble
nous som mes bien re çus
vous ê tes ré com pen sés
ils sont o bli geants
el les sont mo des tes

---

j'é tais con tent de te voir
tu é tais bien sur pris
il é tait le pre mier
el le é tait heu reu se
on é tait pru dent
nous é tions in dis po sés
vous é tiez en pri son
ils é taient pu nis
el les é taient sa ges

j'ai é té men teur
tu as é té do ci le
il a é té à la pro me na de
el le a é té mo des te
on a é té à sa re cher che
nous a vons é té mé chants
vous a vez é té é ton nés
ils ont é té cou verts de gloi re
el les ont é té nos mo dè les

---

je se rai plus sa ge
tu se ras plus do ci le
il se ra mon ca ma ra de
el le se ra ma pro tec tri ce
on se ra bien tôt ar ri vé
nous se rons pré ve nus
vous se rez com blés de biens
ils se ront en pé ni ten ce
el les se ront si len cieu ses

EMPLOI DU VERBE AVOIR.

j'ai un bon pe tit a mi
tu as des li vres a mu sants
il a de beaux pois sons
el le a u ne cor beil le
on a be soin de con seils
nous a vons un bon pè re
vous a vez des mou tons
ils ont des yeux bleus
el les ont un cœur ex cel lent

j'ai eu des ré com pen ses
tu as eu des torts fâ cheux
il a eu une bon ne pla ce
el le a eu un por te plu me
on a eu la chan ce
nous a vons eu un bon point
vous a vez eu l'a van ta ge
ils ont eu des pru nes
el les ont eu des fleurs

---

j'a vais mal aux dents
tu a vais un joli ca deau
il a vait une bel le i ma ge
el le a vait un gros chat
on a vait de bon nes ex cu ses
nous a vions les mains plei nes
vous a viez des sou liers
ils a vaient des jou joux neufs
el les a vaient des ro bes noi res

j'au rai le prix de lec tu re
tu au ras un frè re ai ma ble
il au ra des che veux noirs
el le au ra des oi seaux
on au ra du beau temps
nous au rons des sol dats
vous au rez u ne mai son
ils au ront du re pos
el les au ront des ru bans

EMPLOI DU VERBE PORTER.

je por te mon far deau
tu por tes tes ca hiers
il por te un ha bit neuf
el le por te sa mai son
on por te son cha grin
nous por tons du se cours
vous por tez la chan del le
ils por te*nt* les pro vi sions
el les por te*nt* des fleurs

---

je por tais la nou vel le
tu por tais des bas blancs
il por tait le jour nal
el le por tait u ne cou ron ne
on por tait des let tres
nous por tions les ar mes
vous por tiez le pré sent
ils por taient des flam beaux
el les por taient des cor beil les

j'ai por té la gi ber ne
tu as por té des pê ches
il a por té le dî ner
el le a por té un cha peau
on a por té vo tre pa nier
nous a vons por té les fruits
vous a vez por té la vais sel le
ils ont por té les ger bes
el les ont por té la ven dan ge

---

je por te rai mes li vres
tu por te ras la mal le
il por te ra le pa ra pluie
el le por te ra l'om brel le
on por te ra la sta tue
nous por te rons la ré col te
vous por te rez des dra gées
ils por te ront l'ar gent
el les por te ront la joie

EMPLOI DU VERBE FINIR.

je fi nis mon tra vail
tu fi nis ta lec tu re
il fi nit son des sin
el le fi nit sa bro de rie
on fi nit la ven dan ge
nous fi nis sons les re cher ches
vous fi nis sez vos é tu des
ils fi nis se*nt* leur vo ya ge
el les fi nis se*nt* la pri è re

---

je fi nis sais un ha bit
tu fi nis sais ton re pas
il fi nis sait ses de voirs
el le fi nis sait sa pro me na de
on fi nis sait la mois son
nous fi nis sions le sou per
vous fi nis siez vos ca hiers
ils fi nis saient leur be so gne
el les fi nis saient leurs let tres

j'ai fi ni ce ma tin
tu as fi ni la se mai ne
il a fi ni ses af fai res
el le a fi ni sa tâ che
on a fi ni trop tard
nous a vons fi ni de li re
vous a vez fi ni la clas se
ils ont fi ni a vant nous
el les ont fi ni leurs pa ges

---

je fi ni rai bien tôt
tu fi ni ras ta com po si tion
il fi ni ra son en tre pri se
el le fi ni ra sa ta pis se rie
on fi ni ra le che min de fer
nous fi ni rons les pre miers
vous fi ni rez vo tre his toi re
ils fi ni ront bien l'an née
el les fi ni ront le com pli ment

EMPLOI DU VERBE RECEVOIR.

je reçois une bonne nouvelle
tu reçois un gâteau su cré
il re çoit u ne ré com pen se
el le re çoit u ne jo lie boî te
on re çoit des mar chan di ses
nous re ce vons l'aveu com plet
vous re ce vez u ne com mis sion
ils re çoi ve*nt* po li ment
elles re çoi ve*nt* u ne in vi ta tion

j'ai re çu leur vi si te
tu as re çu un bil let
il a re çu un ca deau
el le a re çu u ne den tel le
on a re çu le pré fet
nous a vons re çu u ne let tre
vous a vez re çu un pa quet
ils ont re çu les hon neurs
el les ont re çu des gâ teaux

---

je re ce vais u ne bel le i ma ge
tu re ce vais de ri ches é tof fes
il re ce vait u ne mon tre
el le re ce vait des rai sins
on re ce vait de bons con seils
nous re ce vions du vin rou ge
vous re ce viez des a mis
ils re ce vaient des le çons
elles re ce vaient u ne ré pon se

je re ce vrai du fruit nou veau
tu re ce vras tes li vrai sons
il re ce vra des vi si tes
el le re ce vra u ne bel le ro be
on re ce vra des pro vi sions
n. re ce vrons vo tre pro messe
vous re ce vrez son ser ment
ils re ce vront leurs a mis
el les re ce vront sa pro tec tion

EMPLOI DU VERBE PRENDRE.

je prends ces ob jets
tu prends le bon che min
il prend le bon cô té
el le prend le bon ex em ple
on prend la gran de rou te
nous pre nons vo tre a vis
vous pre nez la voi tu re
ils pren ne*nt* cet te oc ca sion
el les pren nent leur ou vra ge

---

j'ai pris des la pins
tu as pris des noi set tes
il a pris des con fi tu res
el le a pris des aï guil les
on a pris vo tre part
nous a vons pris le sen tier
vous a vez pris le che val
ils ont pris par la prai rie
el les ont pris leurs me su res

---

je pre nais des fruits mûrs
tu pre nais des pois sons
il pre nait des bou gies
el le pre nait des ta pis
on pre nait du ve lours
nous pre nions des a bri cots
vous pre niez des oi seaux
ils pre naient des fu sils
el les pre naient des ru bans

je pren drai des jou joux
tu pren dras de l'ar gent
il pren dra du pain
el le pren dra sa ro be neuve
on pren dra des fa ri nes
nous pren drons son nom
vous pren drez sa dé fense
ils pren dront du ca fé
el les pren dront du su cre

NOEL. (1)

« Voici donc l'heure où le Sauveur du monde
« Nous apparut sous les traits d'un enfant ;
« Où du péché perçant la nuit profonde,
« L'amour divin rayonna triomphant.

« Dans cette crèche, enveloppé de langes,
« Qui le prendrait, cet humble nouveau-né,
« Pour le Seigneur des hommes et des anges ?
« D'aucun éclat son front n'est couronné.

« Tel il voulut se montrer à la terre,
« Roi dépouillé, pour régner par l'amour :
« Seigneur et Maître, il se fait notre frère,
« Et les petits seront toute sa cour.

« Anges de Dieu, penchés sur ce mystère,
« Vous n'en pouvez sonder la profondeur :
« Bien moins encore, enfants de la poussière,
« En pourrions-nous mesurer la hauteur.

« Nous l'adorons : bien heureux qui l'adore,
« Qui, dès l'enfance, y trouva son bonheur,
« Et qui, vieillard, à genoux prie encore
« Devant la crèche où naquit le Seigneur ! »

(*) Hymne de M. Tournier, honorée d'une médaille par M. le Préfet de la Seine, en 1864.

[illegible]

Toutes les [illegible]
des enfants à la [illegible]

1° *Du manque* [illegible]
habitués à prononcer [illegible]

2° *De l'inc*[illegible]
jeunes enfants;

3° Enfin, *de notre* [illegible]
qui [illegible] parle [illegible]
naturel de l'[illegible]
de l'ouïe.

Or, ce [illegible]
séparation [illegible]
grande [illegible]

Ce ne sont [illegible] leçons [illegible]
ont [illegible]
[illegible]
[illegible]

www.ingramcontent.com/pod-product-compliance
Lightning Source LLC
Chambersburg PA
CBHW070939280326
41934CB00009B/1942

* 9 7 8 2 0 1 9 5 4 8 0 9 4 *